škola - school	2
putovanje - reis	5
transport - transport	8
grad - stad	10
krajolik - landschap	14
restoran - restaurant	17
supermarket - supermarkt	20
piće - drankjes	22
jelo - eten	23
seosko imanje - boerderij	27
kuća - huis	31
dnevni boravak - woonkamer	33
kuhinja - keuken	35
kupatilo - badkamer	38
dječija soba - kinderkamer	42
odjeća - kleding	44
ured - kantoor	49
ekonomija - economie	51
zanimanja - beroepen	53
alat - werktuigen	56
muzički instrumenti - muziekinstrumenten	57
zološki vrt - zoo	59
sport - sporten	62
aktivnosti - activiteiten	63
porodica - familie	67
tijelo - lichaam	68
bolnica - ziekenhuis	72
hitna pomoć - noodgeval	76
Zemlja - aarde	77
sat - klok	79
sedmica, nedjelja - week	80
godina - jaar	81
oblici - vormen	83
boje - kleuren	84
suprotnosti - tegengestelden	85
brojevi - cijfers	88
jezici - Talen	90
ko / šta / gdje - wie / wat / hoe	91
gdje - waar	92

AF188910

Impressum
Verlag: BABADADA GmbH, Nedderfeld 112 , 22529 Hamburg
Geschäftsführer / Verlagsleitung: Harald Hof
Druck: Books on Demand GmbH, In de Tarpen 42, 22848 Norderstedt

Imprint
Publisher: BABADADA GmbH, Nedderfeld 112 , 22529 Hamburg, Germany
Managing Director / Publishing direction: Harald Hof
Print: Books on Demand GmbH, In de Tarpen 42, 22848 Norderstedt

škola

school

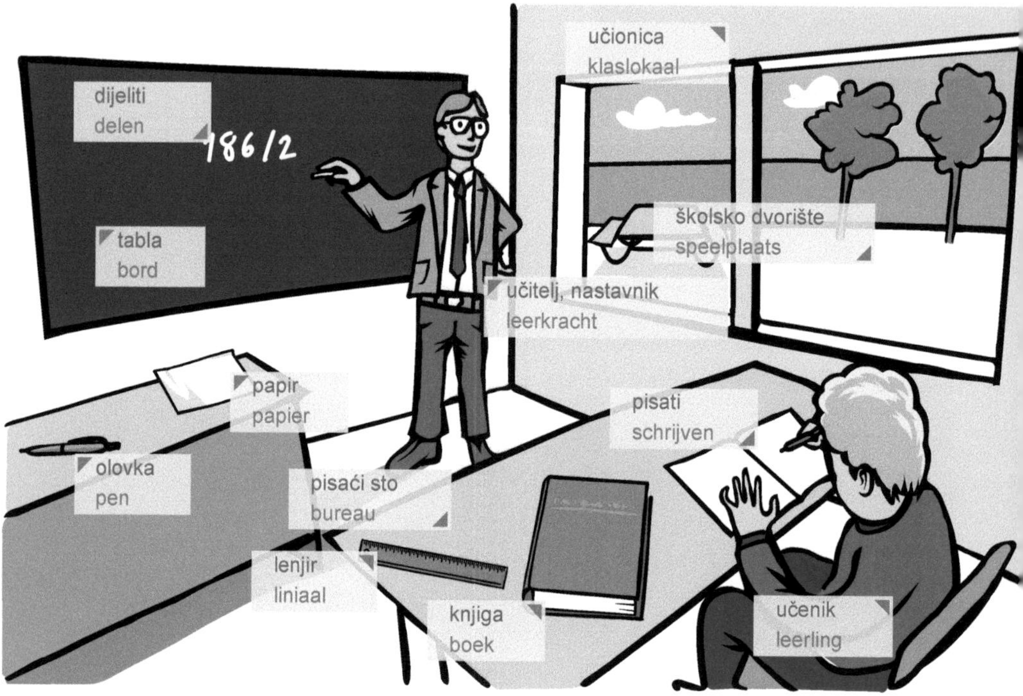

učionica
klaslokaal
dijeliti
delen
186/2
školsko dvorište
speelplaats
tabla
bord
učitelj, nastavnik
leerkracht
papir
papier
pisati
schrijven
olovka
pen
pisaći sto
bureau
lenjir
liniaal
knjiga
boek
učenik
leerling

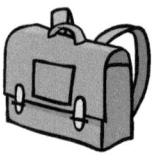

torba

schooltas

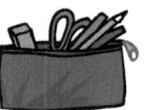

pernica

pennenzak

drvena olovka

potlood

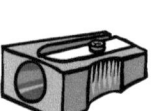

šiljalo za olovke

puntenslijper

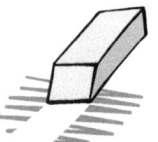

gumica

gom

blok za crtanje

tekenblok

crtež

tekening

kist

verfborstel

kutija s bojama

verfdoos

makaze

schaar

ljepilo

lijm

vježbanka

werkboek

domaća zadaća

huiswerk

12

broj

nummer

2+2

sabirati

optellen

5-2

oduzimati

aftrekken

2×2

množiti

vermenigvuldigen

računati

rekenen

slovo

letter

ABCDEFG HIJKLMN OPQRSTU VWXYZ

abeceda

alfabet

riječ

woord

tekst

tekst

čitati

Lezen

kreda

krijt

sat

les

školski dnevnik

klassenboek

ispit

examen

svjedočanstvo

certificaat

školska uniforma

schooluniform

izobrazba

onderwijs

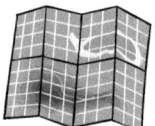

leksikon

encyclopedie

univerzitet

universiteit

mikroskop

microscoop

karta

kaart

korpa za papir

papiermand

putovanje

reis

hotel
hotel
Grand
hostel
jeugdherberg
ROOMS
EXCHANGE
mjenjačnica
wisselkantoor
kofer
koffer
auto
auto

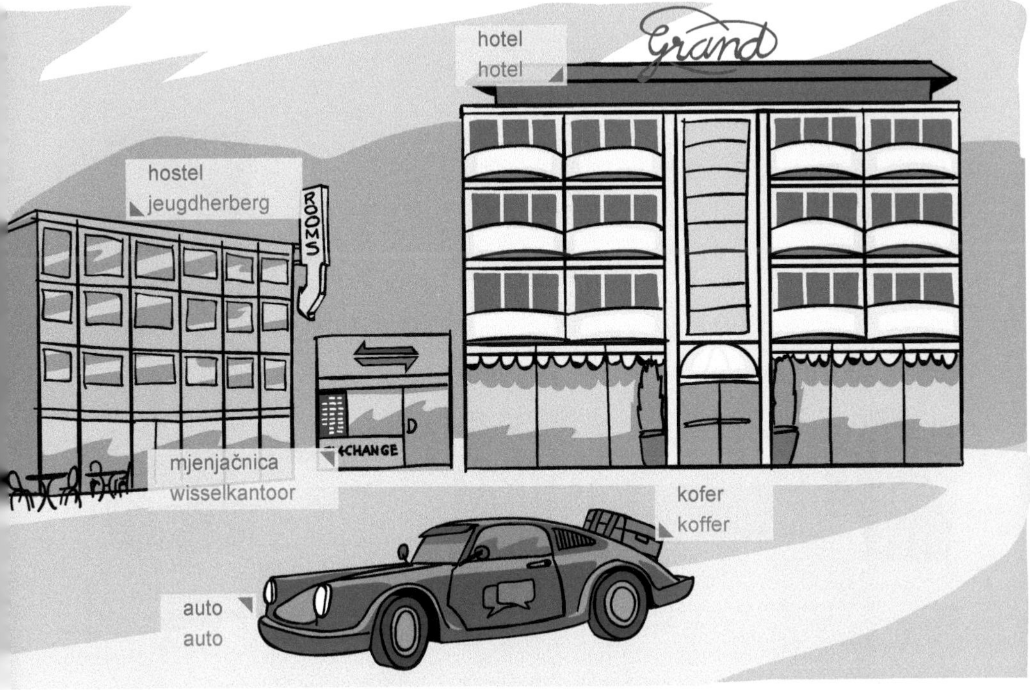

jezik

Taal

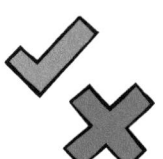

da / ne

ja / nee

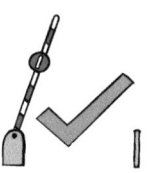

okej

oké

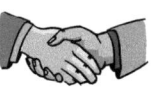

zdravo

hallo

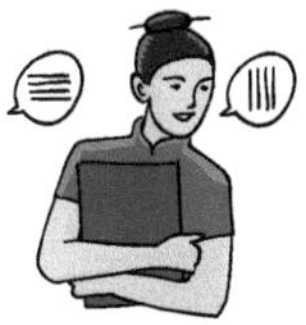

tumač

vertaler

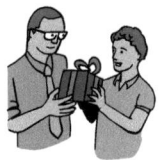

hvala

bedankt

Koliko košta...?

Hoeveel kost ...?

Ne razumijem

Ik begrijp het niet

problem

probleem

dobro veče!

Goedenavond!

Dobro jutro!

Goedemorgen!

Laku noć!

Goedenavond!

doviđenja

Tot ziens

smjer

richting

prtljag

bagage

torba

zak

ruksak

rugzak

gost

gast

soba

kamer

vreća za spavanje

slaapzak

šator

tent

turističke informacije

toeristeninformatie

plaža

strand

kreditna kartica

kredietkaart

doručak

ontbijt

ručak

lunch

večera

avondeten

putna karta

ticket

lift

lift

poštanska markica

postzegel

granica

grens

carina

douane

ambasada

ambassade

viza

visum

pasoš

paspoort

transport
transport

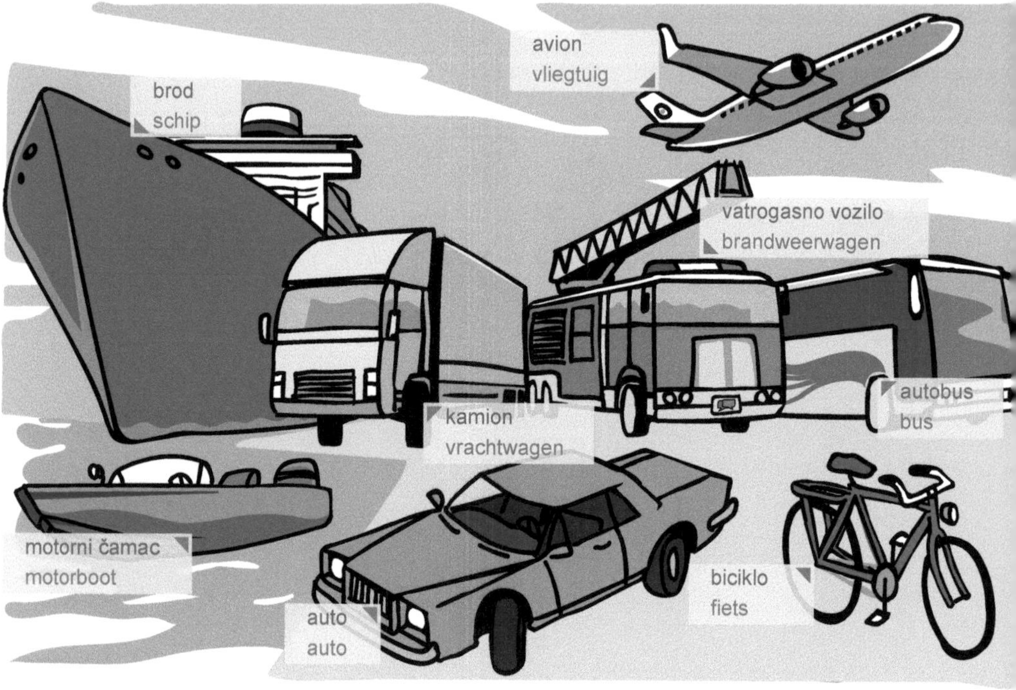

avion
vliegtuig
brod
schip
vatrogasno vozilo
brandweerwagen
autobus
bus
kamion
vrachtwagen
motorni čamac
motorboot
biciklo
fiets
auto
auto

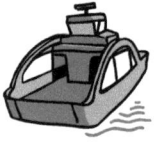

trajekt

veerboot

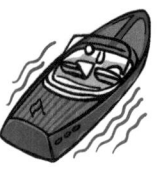

brod

boot

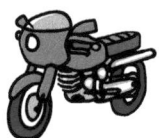

motocikl

motor

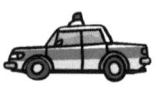

policijski automobil

politiewagen

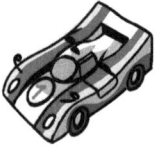

trkaći automobil

racewagen

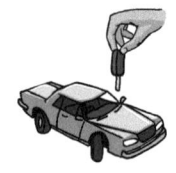

unajmljeni automobil

huurauto

kar-šering

carpoolen

pauk

sleepwagen

smećarsko vozilo

vuilniswagen

motor

motor

gorivo

benzine

benzinska pumpa

benzinestation

saobraćajni znak

verkeersbord

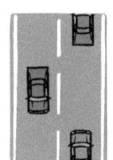

saobraćaj

verkeer

zastoj

file

parking

parkeerplaats

željeznička stanica

station

šine

sporen

voz

trein

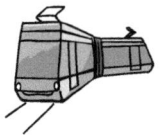

tramvaj

tram

vagon

wagon

helikopter
helikopter

aerodrom
luchthaven

toranj
toren

putnik
passagier

kontejner
container

karton
karton

tačke
kar

korpa
mand

poletjeti / sletjeti
opstijgen / landen

grad
stad

selo
dorp

centar grada
stadscentrum

kuća
huis

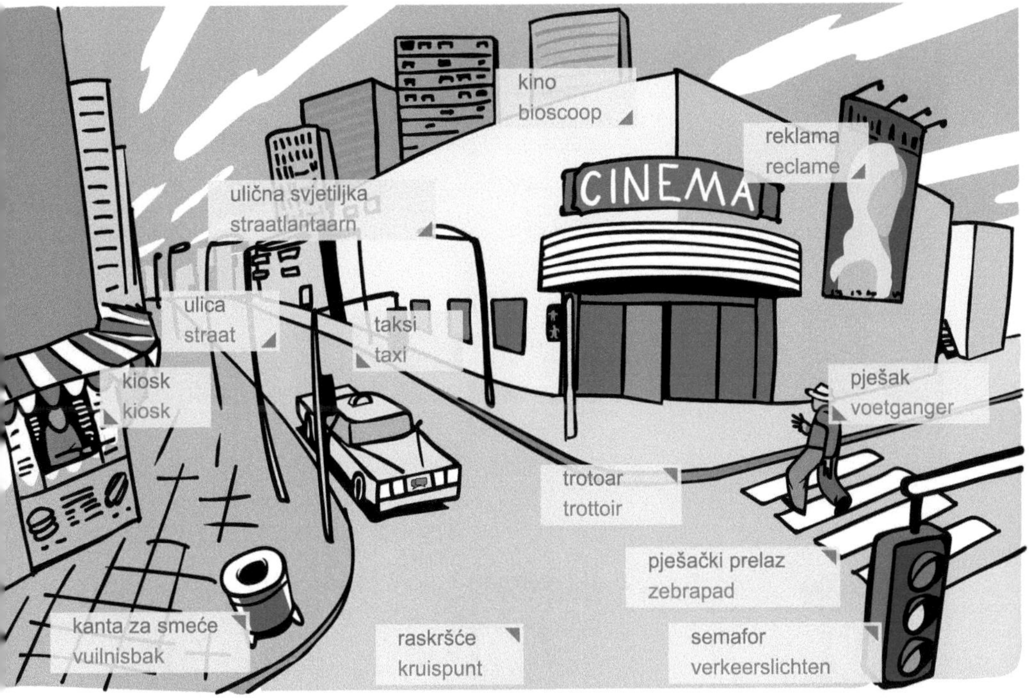

kino
bioscoop

reklama
reclame

ulična svjetiljka
straatlantaarn

CINEMA

ulica
straat

taksi
taxi

kiosk
kiosk

pješak
voetganger

trotoar
trottoir

pješački prelaz
zebrapad

kanta za smeće
vuilnisbak

raskršće
kruispunt

semafor
verkeerslichten

koliba
hut

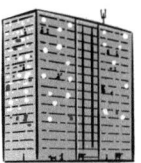

stan
woning

željeznička stanica
station

vjećnica
stadshuis

muzej
museum

škola
school

univerzitet

universiteit

banka

bank

bolnica

ziekenhuis

hotel

hotel

apoteka

apotheek

ured

kantoor

knjižara

boekwinkel

radnja

winkel

cvjećara

bloemenwinkel

supermarket

supermarkt

pijaca

markt

robna kuća

warenhuis

prodavač ribe

vishandelaar

trgovački centar

winkelcentrum

luka

haven

grad - stad

park
park

klupa
bank

most
brug

stepenice
trap

podzemna željeznica
metro

tunel
tunnel

autobuska stanica
bushalte

bar
bar

restoran
restaurant

poštanski sandučić
brievenbus

saobraćajni znak
straatnaambord

sat za naplatu parkinga
parkeermeter

zoološki vrt
zoo

bazen
zwembad

džamija
moskee

seosko imanje

boerderij

zagađenje okoline

milieuverontreiniging

groblje

kerkhof

crkva

kerk

igralište

speelplaats

hram

tempel

krajolik
landschap

list
blad

putokaz
wegwijzer

putokaz
weg

livada
weide

kamen
steen

drvo
boom

putnik
wandelaar

rijeka
rivier

trava
gras

cvijet
bloem

dolina

vallei

brdo

heuvel

jezero

meer

šuma

bos

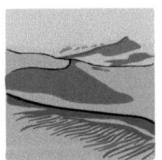

pustinja

woestijn

vulkan

vulkaan

dvorac

kasteel

duga

regenboog

gljiva

paddenstoel

palma

palmboom

komarac

mug

muha

vlieg

mrav

mier

pčela

bijl

pauk

spin

buba
kever

žaba
kikker

vjeverica
eekhoorn

jež
egel

zec
haas

sova
uil

ptica
vogel

labud
zwaan

divlja svinja
wild zwijn

jelen
hert

los
eland

brana
dam

vjetrenjača
windturbine

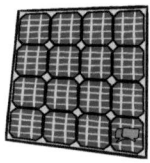

solarni modul
zonnepaneel

klima
klimaat

restoran
restaurant

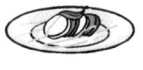

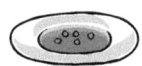

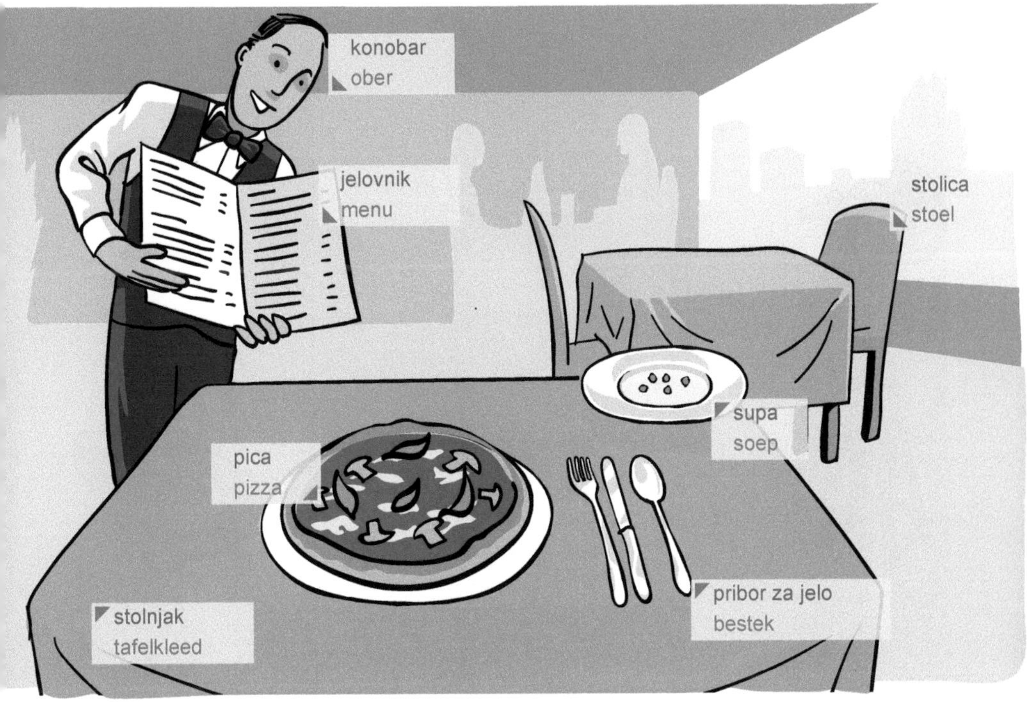
konobar
ober
jelovnik
menu
stolica
stoel
supa
soep
pica
pizza
pribor za jelo
bestek
stolnjak
tafelkleed

predjelo

voorgerecht

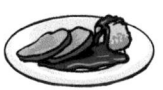

glavno jelo

hoofdgerecht

desert

nagerecht

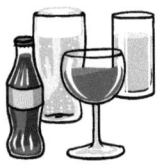

piće

drankjes

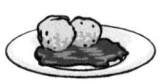

jelo

eten

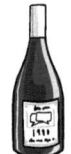

flaša

fles

brza hrana
fastfood

jelo sa ulice
street food

čajnik
theepot

šećernica
suikerpot

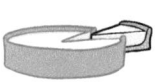

porcija
portie

mašina za espreso
espressomachine

barska stolica
kinderstoel

račun
rekening

tacna
dienblad

nož
mes

viljuška
vork

kašika
lepel

kašičica
theelepel

salveta
serviette

čaša
glas

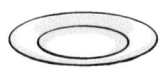

tanjir

bord

tanjir za supu

soepbord

tanjurić

schoteltje

sos

saus

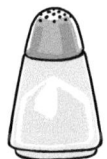

solanik

zoutvatje

mlin za biber

pepermolen

sirće

azijn

ulje

olie

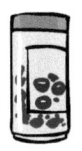

začini

kruiden

kečap

ketchup

senf

mosterd

majoneza

mayonaise

supermarket

supermarkt

ponuda
aanbieding
FOR
klijent
klant
mliječni proizvodi
zuivelproducten
voće
fruit
kolica za kupovinu
winkelwagen

BUTCHERS

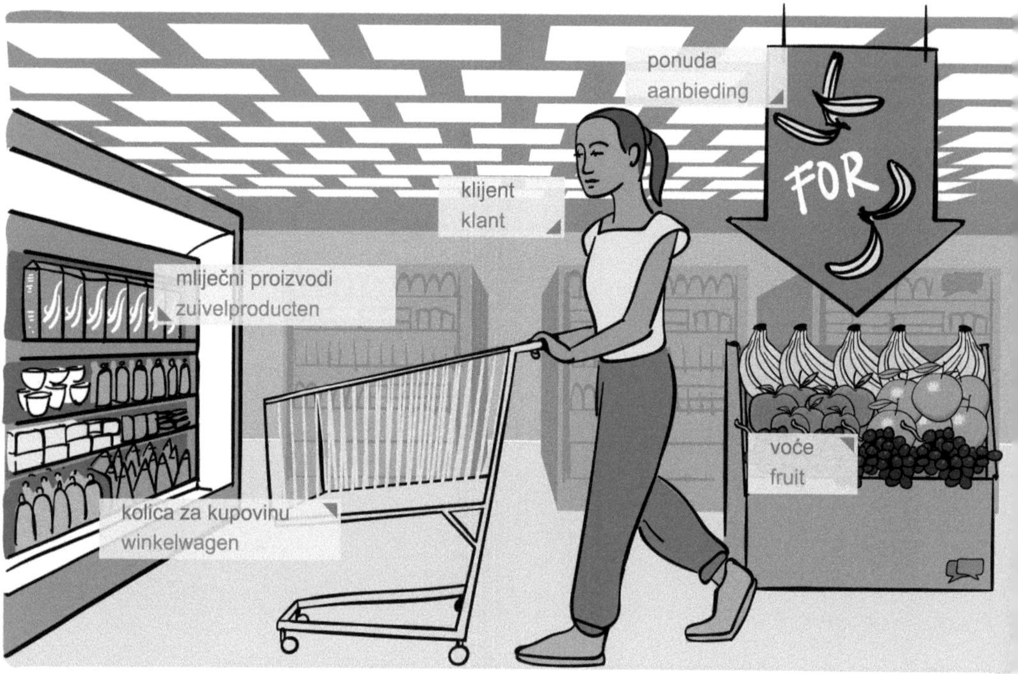

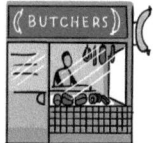

mesnica- klaonica

slagerij

BAKERY

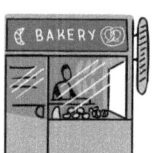

pekara

bakkerij

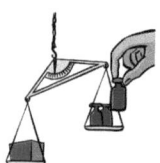

vagati

wegen

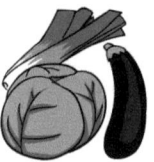

povrće

groenten

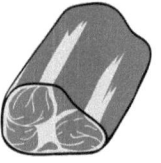

meso

vlees

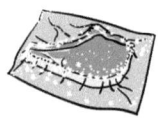

zaleđena hrana

diepvriesvoedsel

narezak

charcuterie

konzerve

conserven

prašak za veš

waspoeder

slatkiši

snoep

kućanski proizvodi

huishoudproducten

sredstvo za čišćenje

schoonmaakproducten

prodavačica

verkoopster

kasa

kassa

blagajnik

kassier

lista za kupovinu

boodschappenlijstje

radno vrijeme

openingstijden

novčanik

portefeuille

kreditna kartica

kredietkaart

torba

tas

najlonska vrećica

plastieken zakje

voda

water

sok

sap

mlijeko

melk

kola

cola

vino

wijn

pivo

bier

alkohol

alcohol

kakao

cacao

čaj

thee

kafa

koffie

espreso

espresso

kapućino

cappuccino

banana
banaan

jabuka
appel

narandža
sinaasappel

lubenica
meloen

limun
citroen

mrkva
wortel

bijeli luk
knoflook

bambus
bamboe

crveni luk
ajuin

gljiva
champignon

orašasti plodovi
noten

pasta
noodles

špagete

spaghetti

riža

rijst

salata

salade

pomfrit

frieten

pečeni krompir

gebakken aardappelen

pica

pizza

hamburger

hamburger

sendvič

sandwich

šnicla

kalfslapje

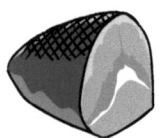

šunka

ham

kobasica

salami

kobasica

worst

kokoš

kip

pečenje

braden

riba

vis

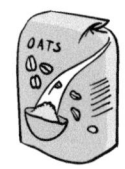

zobene pahuljice

havervlokken

muzli

muesli

kornfleks

cornflakes

brašno

bloem

kroason

croissant

zemičke

pistolet

kruh

brood

tost

toast

keksi

koekjes

maslac

boter

svježi sir

kwark

kolač

taart

jaje

ei

jaje na oko

spiegelei

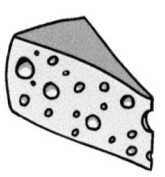

sir

kaas

sladoled
ijs

šećer
suiker

med
honing

marmelada
confituur

nugat krema
choco

kuri
curry

jelo - eten

seosko imanje
boerderij

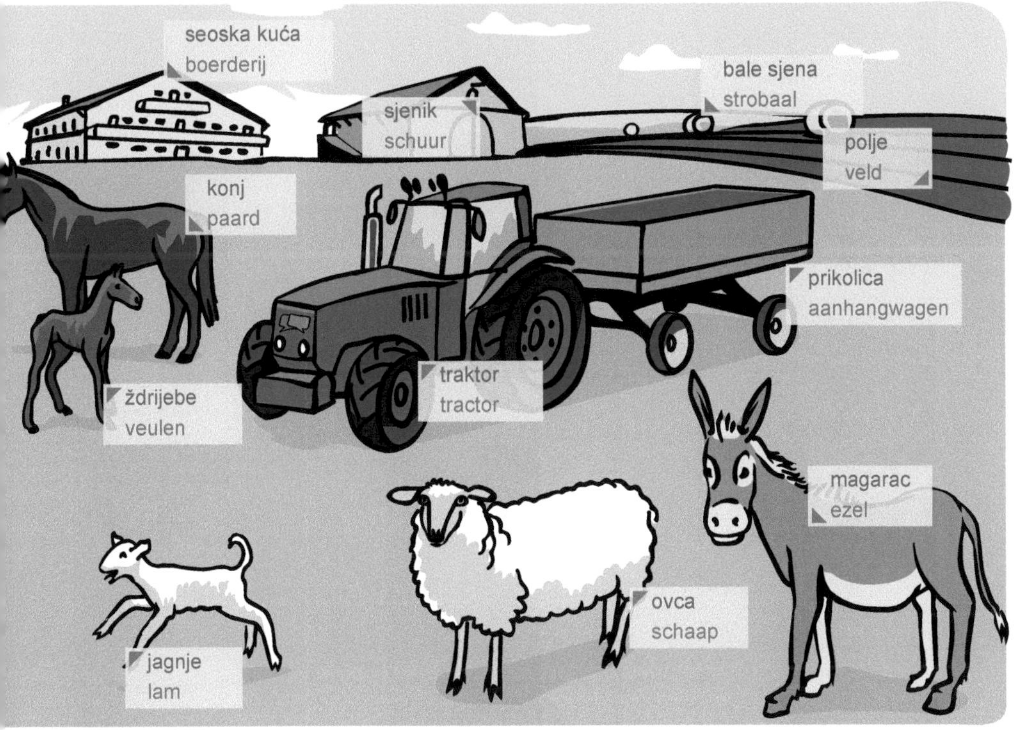
seoska kuća
boerderij
sjenik
schuur
bale sjena
strobaal
polje
veld
konj
paard
prikolica
aanhangwagen
traktor
tractor
ždrijebe
veulen
magarac
ezel
ovca
schaap
jagnje
lam

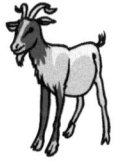

koza

geit

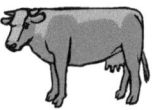

krava

koe

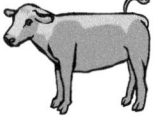

tele

kalf

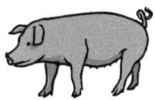

svinja

varken

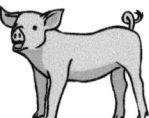

prase

biggetje

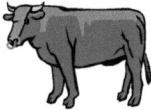

bik

stier

guska
gans

patka
eend

pile
kuiken

kokoška
kip

pjetao
haan

pacov
rat

mačka
kat

miš
muis

vol
os

pas
hond

pseća kućica
hondenhok

crijevo za baštu
tuinslang

kanta za zalijevanje
gieter

kosa
zeis

plug
ploeg

srp
sikkel

motika
schoffel

vile
hooivork

sjekira
bijl

tačke
kruiwagen

korito
trog

bokal za mlijeko
melkkan

vreća
zak

ograda
hek

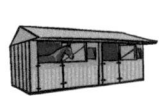

štala
stal

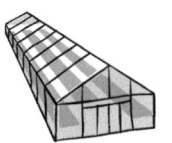

staklenik
broeikas

tlo
bodem

sjeme
zaad

đubrivo
mest

kombajn
maaidorser

kositi

oogsten

žetva

oogst

jam korijen

yam

pšenica

tarwe

soja

soja

krompir

aardappel

kukuruz

maïs

uljana repica

koolzaad

drvo voća

fruitboom

manioka

maniok

žito

graan

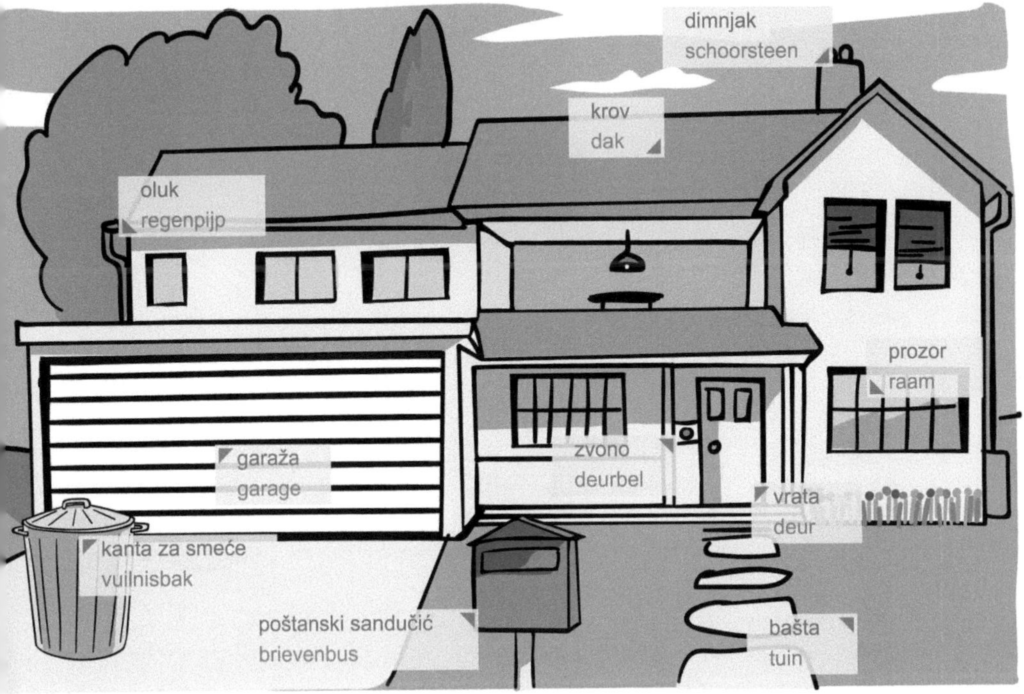

dimnjak
schoorsteen

krov
dak

oluk
regenpijp

prozor
raam

garaža
garage

zvono
deurbel

vrata
deur

kanta za smeće
vuilnisbak

poštanski sandučić
brievenbus

bašta
tuin

dnevni boravak

woonkamer

kupatilo

badkamer

kuhinja

keuken

spavaća soba

slaapkamer

dječija soba

kinderkamer

trpezarija

eetkamer

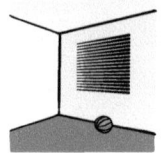

pod, tlo

vloer

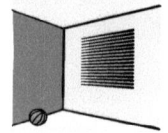

zid

muur

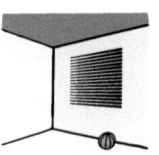

plafon

plafond

podrum

kelder

sauna

sauna

balkon

balkon

terasa

terras

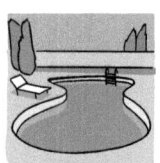

bazen

zwembad

kosilica

grasmaaier

posteljina

dekbedovertrek

pokrivač

dekbed

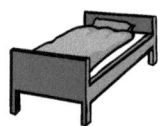

krevet

bed

metla

bezem

kanta

emmer

prekidač

schakelaar

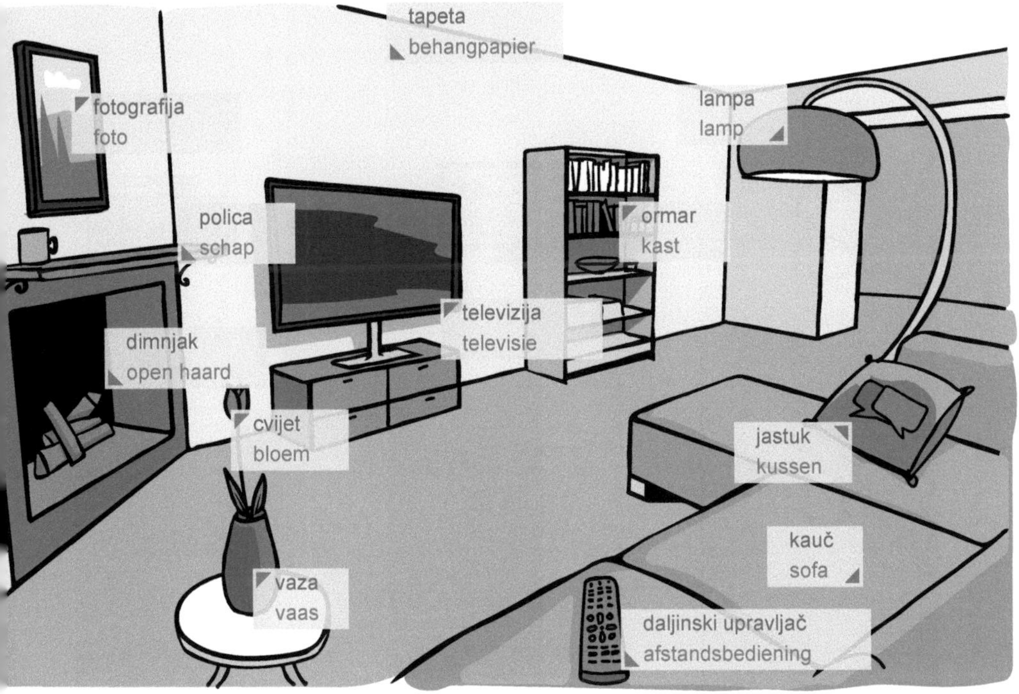

tapeta
behangpapier

fotografija
foto

lampa
lamp

polica
schap

ormar
kast

dimnjak
open haard

televizija
televisie

cvijet
bloem

jastuk
kussen

kauč
sofa

vaza
vaas

daljinski upravljač
afstandsbediening

tepih	zavjesa	stol
mat	gordijn	tafel

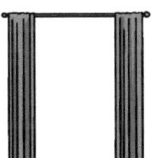

stolica	stolica za ljuljanje	fotelja
stoel	schommelstoel	fauteuil

knjiga
boek

deka
deken

dekoracija
decoratie

ložno drvo
brandhout

film
film

stereo uređaj
stereo-installatie

ključ
sleutel

novine
krant

umjetnička slika
schilderij

poster
poster

radio
radio

blok za bilješke
notitieboekje

usisavač
stofzuiger

kaktus
cactus

svijeća
kaars

kuhinja
keuken

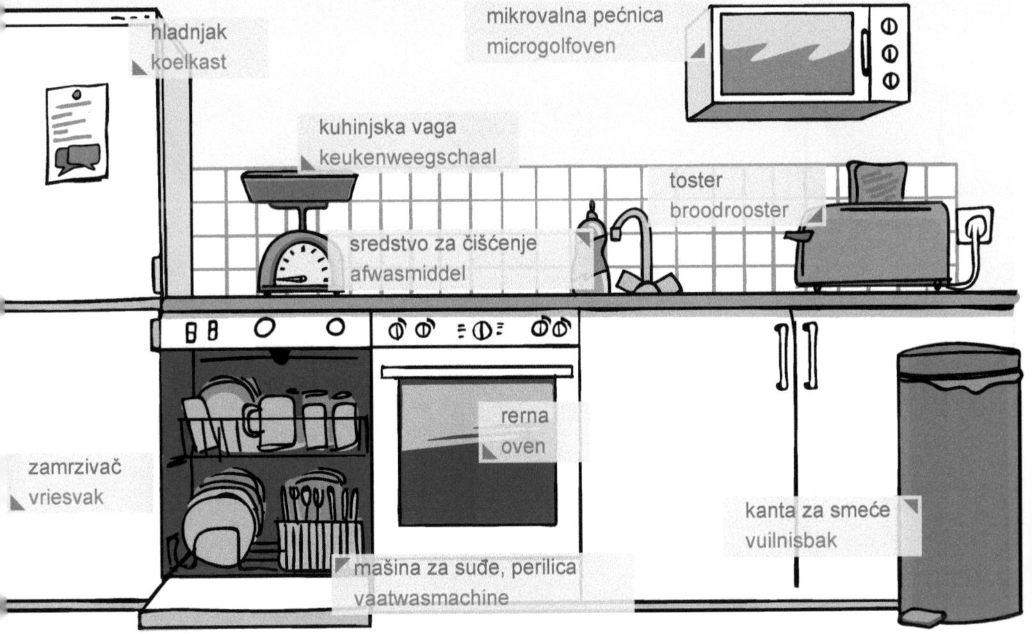
hladnjak
koelkast
mikrovalna pećnica
microgolfoven
kuhinjska vaga
keukenweegschaal
toster
broodrooster
sredstvo za čišćenje
afwasmiddel
rerna
oven
zamrzivač
vriesvak
kanta za smeće
vuilnisbak
mašina za suđe, perilica
vaatwasmachine

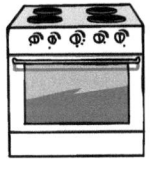

peć

fornuis

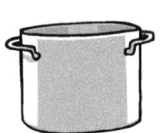

lonac

pot

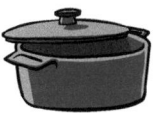

metalni lonac

gietijzeren pot

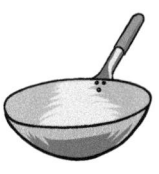

vok / kadai

wok / kadai

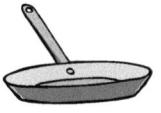

tava, tiganj

pan

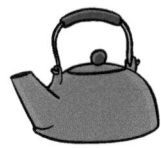

kuhalo

waterkoker

aparat za kuhanje na pari

stoomkoker

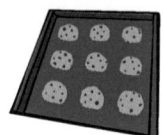

lim za pečenje

bakplaat

posuđe

servies

šalica

mok

činija

kom

kineski štapići

eetstokjes

kutlača

pollepel

lopatica

spatel

metlica za snijeg bjelanjca

garde

sito za kuhanje

vergiet

sito

zeef

ribež

rasp

avan s tučkom

mortier

roštilj

barbecue

ložište

haardvuur

daska

snijplank

oklagija

deegrol

vadičep

kurkentrekker

konzerva

blik

otvarač za konzerve

blikopener

krpe za lonac

pannenlap

sudoper

gootsteen

četka

borstel

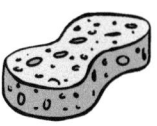

spužva

spons

mikser

blender

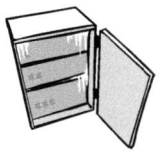

zamrzivač

vriezer

flašica za bebu

papfles

slavina

kraan

kupatilo
badkamer

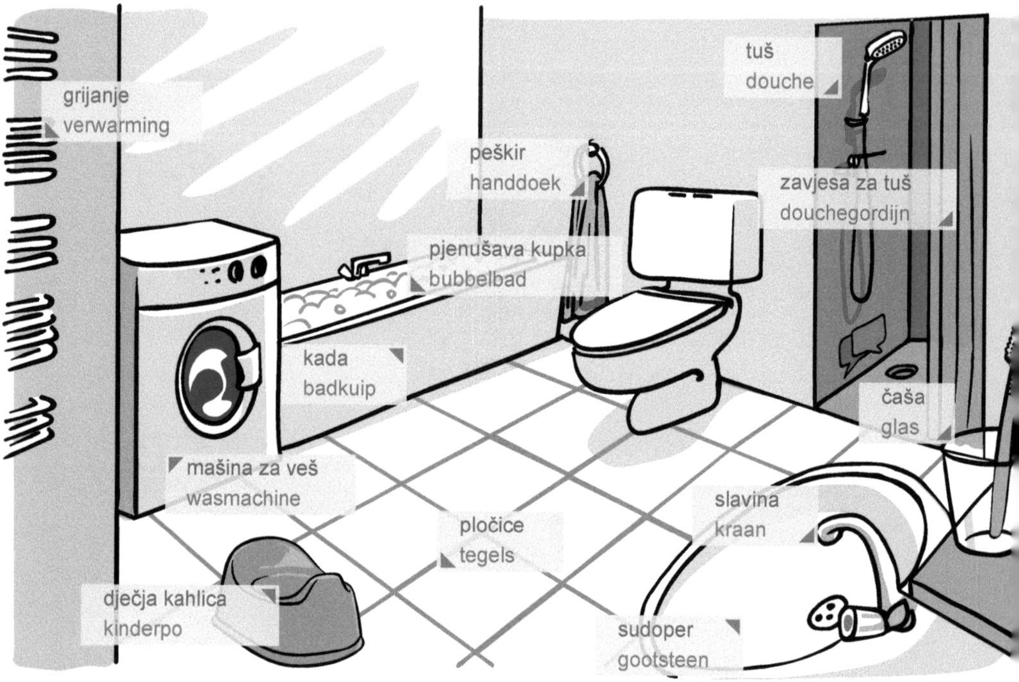

grijanje / verwarming

tuš / douche

peškir / handdoek

zavjesa za tuš / douchegordijn

pjenušava kupka / bubbelbad

kada / badkuip

čaša / glas

mašina za veš / wasmachine

slavina / kraan

pločice / tegels

dječja kahlica / kinderpo

sudoper / gootsteen

toalet	čučavac	bide
toilet	hurktoilet	bidet
pisoar	toalet papir	četka za wc
urinoir	toiletpapier	toiletborstel

četkica za zube

tandenborstel

pasta za zube

tandpasta

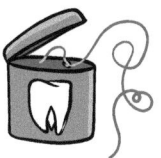

zubni konac

flosdraad

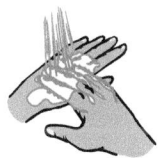

prati

wassen

tuš

handdouche

intimni tuš

bidethanddouche

lavor

waskom

četka za leđa

rugborstel

sapun

zeep

gel za tuširanje

douchegel

šampon

shampoo

krpe za pranje

washandje

odvod

afvoer

krema

crème

dezodorans

deodorant

kupatilo - badkamer 39

ogledalo

spiegel

ogledalo za šminkanje

handspiegel

brijač

scheermes

pjena za brijanje

scheerschuim

vodica poslije brijanja

aftershave

češalj

kam

četka

borstel

fen

haardroger

sprej za kosu

haarlak

puder

make-up

karmin

lippenstift

lak za nokte

nagellak

vata

watten

makazice za nokte

nagelknipper

parfem

parfum

kozmetička torbica

toilettas

hoklica

kruk

vaga

weegschaal

kupaći ogrtač

badjas

rukavice za čišćenje

latex handschoenen

tampon

tampon

uložak za dame

maandverband

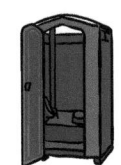

hemijski toalet

chemisch toilet

dječija soba
kinderkamer

budilnik
wekker
plišana igračka
knuffel
auto za igru
speelgoedauto
zvečka
rammelaar
kućica za lutke
poppenhuis
poklon
geschenk

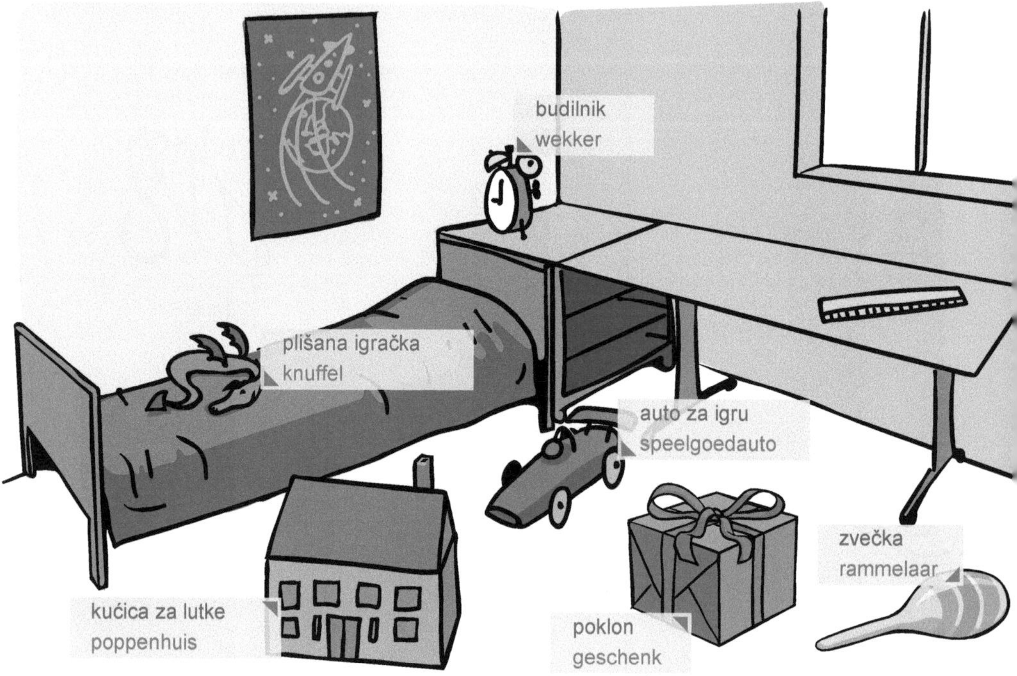

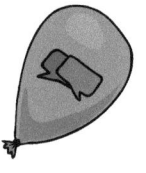

balon

ballon

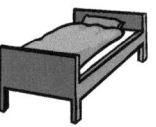

krevet

bed

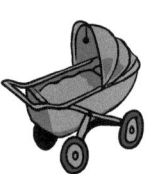

kolica za djecu

kinderwagen

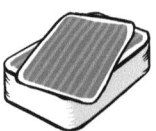

karte za igranje

spel kaarten

puzle

puzzel

SUPER
MEGA

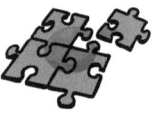

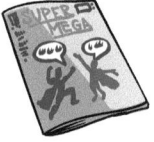

strip

stripboek

lego kockice

legoblokjes

kockice za gradnju

blokken

akcione figure

actiefiguur

benkica

kruippakje

frizbi

frisbee

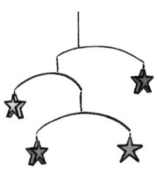

mobile

mobiel

igra na ploči

bordspel

kocka

dobbelsteen

miniatura željeznice

modelspoorweg

cucla

fopspeen

zabava

feest

slikovnica

prentenboek

lopta

bal

lutka

pop

igrati

spelen

pješćanik

zandbak

ljuljačka

schommel

igračke

speelgoed

konzola za igru

spelconsole

triciklo

driewieler

medvjedić

knuffelbeer

ormar

kleerkast

odjeća
kleding

kratke čarape

sokken

čarape

kousen

hulahopke

maillot

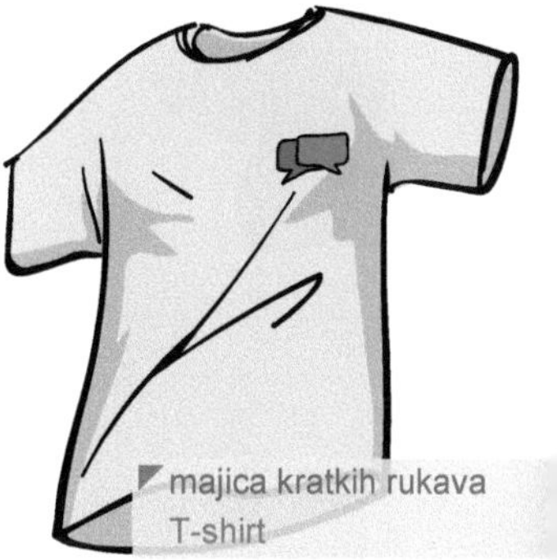

šal
sjaal

kišobran
paraplu

majica kratkih rukava
T-shirt

kaiš
riem

čizme
laarzen

papuče
slippers

patike
sneakers

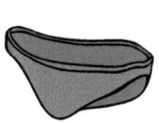

sandale
....
sandalen

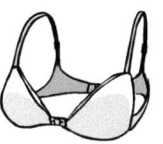

cipele
....
schoenen

gumene čizme
....
rubberlaarzen

gaće
....
onderbroek

grudnjak
....
beha

potkošulja
....
onderhemd

bodi
lichaam

hlače
broek

farmerke
jeans

suknja
rok

bluza
blouse

košulja
hemd

džemper
trui

majica
capuchontrui

sako
blazer

jakna
jas

mantil
jas

kišni mantil
regenjas

kostim
kostuum

haljina
jurk

vjenčanica
trouwjurk

odijelo

pak

spavaćica

nachthemd

pidžama

pyjama

sari

sari

marama

hoofddoek

turban

tulband

burka

boerka

kaftan

kaftan

abaja

abaya

kupaći kostim

badpak

kupaće gaće

zwembroek

kratke hlače

short

trenerka

trainingspak

pregača

schort

rukavice

handschoenen

dugme
knoop

naočare
bril

narukvica
armband

ogrlica
ketting

prsten
ring

naušnica
oorbel

kapa
pet

vješalica
kapstok

šešir
hoed

kravata
das

patentni zatvarač
rits

kaciga
helm

tregeri za hlače
bretellen

školska uniforma
schooluniform

uniforma
uniform

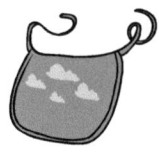

podbradak

slabbetje

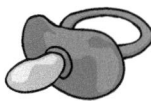

cucla

fopspeen

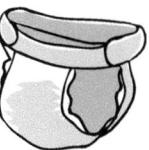

pelene

luier

ured

kantoor

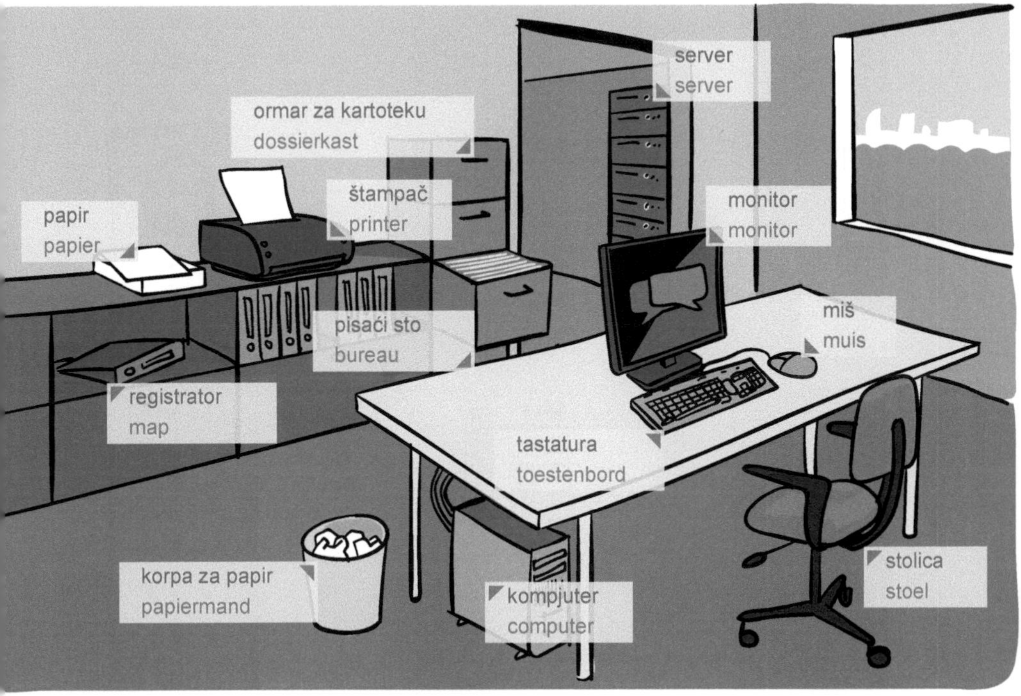
server
server
ormar za kartoteku
dossierkast
papir
papier
štampač
printer
monitor
monitor
pisaći sto
bureau
miš
muis
registrator
map
tastatura
toestenbord
korpa za papir
papiermand
kompjuter
computer
stolica
stoel

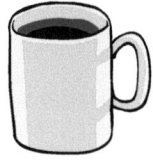

šolja za kafu

koffiemok

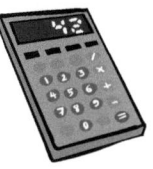

kalkulator

rekenmachine

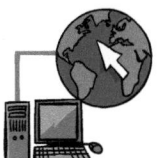

internet

internet

laptop

laptop

pismo

brief

poruka

bericht

mobilni telefon

gsm

mreža

netwerk

aparat za kopiranje

kopieerapparaat

softver

software

telefon

telefoon

utičnica

stopcontact

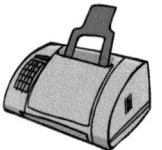

faks

fax

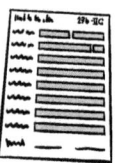

formular

formulier

dokument

document

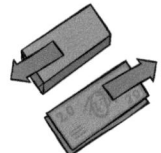

kupovati

kopen

platiti

betalen

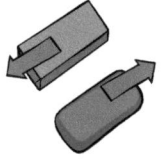

trgovati

handelen

novac

geld

dolar

dollar

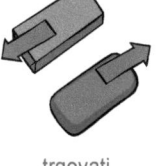

euro

euro

jen

yen

rublja

roebel

franak

Zwitserse frank

renminbi jen

Chinese renminbi

rupi

roepie

bankomat

geldautomaat

mjenjačnica

wisselkantoor

zlato

goud

srebro

zilver

nafta

olie

energija

energie

cijena

prijs

ugovor

contract

porez

belasting

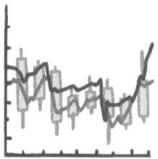

akcija

aandeel

raditi

werken

službenik

werknemer

poslodavac

werkgever

fabrika

fabriek

radnja

winkel

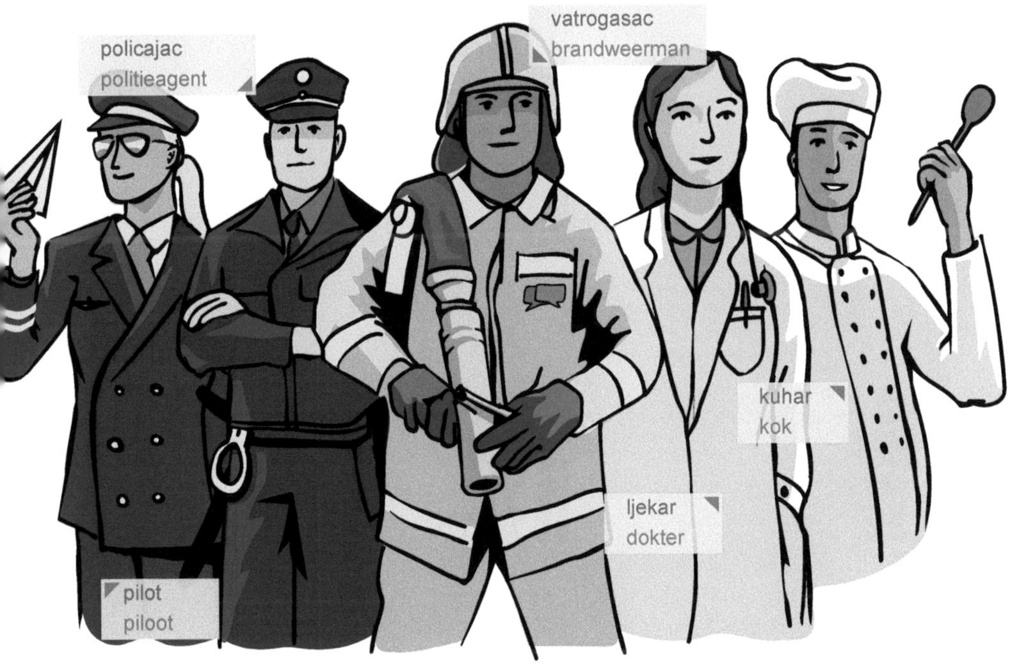

policajac
politieagent

vatrogasac
brandweerman

kuhar
kok

ljekar
dokter

pilot
piloot

baštovan

tuinman

stolar

timmerman

krojačica

naaister

sudija

rechter

hemičar

chemicus

glumac

acteur

vozač autobusa

buschauffeur

vozač taksija

taxichauffeur

ribar

visser

čistačica

schoonmaakster

krovopokrivač

dakdekker

konobar

ober

lovac

jager

moler

schilder

pekar

bakker

električar

elektricien

građevinski radnik

bouwvakker

inženjer

ingenieur

koljač

slager

limar, vodoinstalater

loodgieter

poštar

postbode

vojnik
soldaat

arhitekta
architect

blagajnik
kassier

cvjećar
bloemist

frizer
kapper

kontrolor
conducteur

mehaničar
mecanicien

kapiten
kapitein

zubar
tandarts

naučnik
wetenschapper

rabin
rabbijn

imam
imam

monah
monnik

sveštenik
geestelijke

alat

werktuigen

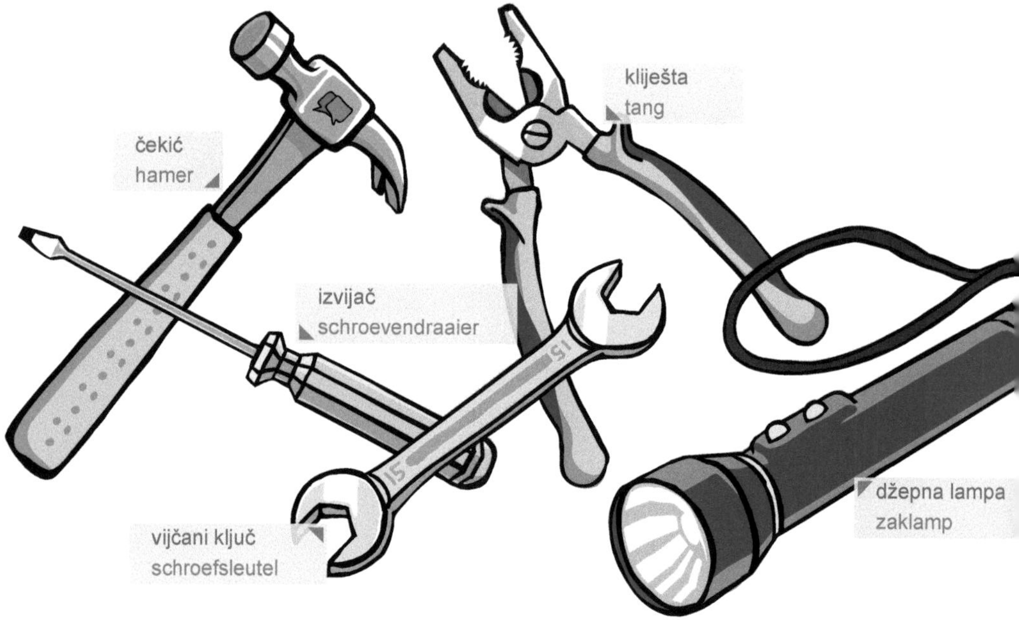

kliješta
tang
čekić
hamer
izvijač
schroevendraaier
džepna lampa
zaklamp
vijčani ključ
schroefsleutel

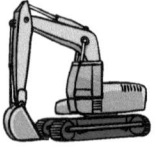

bager

graafmachine

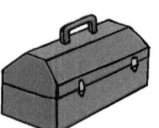

kutija sa alatom

gereedschapskoffer

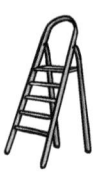

ljestve

ladder

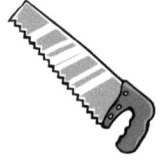

testera, pila

zaag

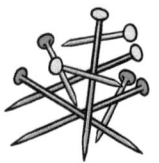

ekser

spijkers

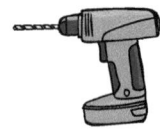

bušilica

boormachine

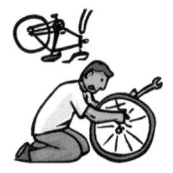

popraviti

repareren

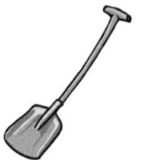

lopata

schop

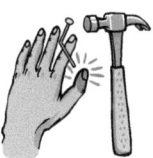

sranje!

Verdomme!

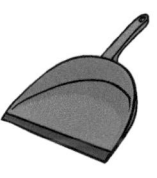

lopatica

blik

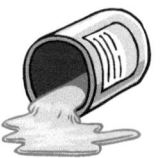

kanta boje

verfpot

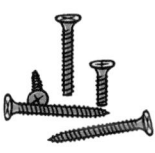

vijak

schroeven

muzički instrumenti
muziekinstrumenten

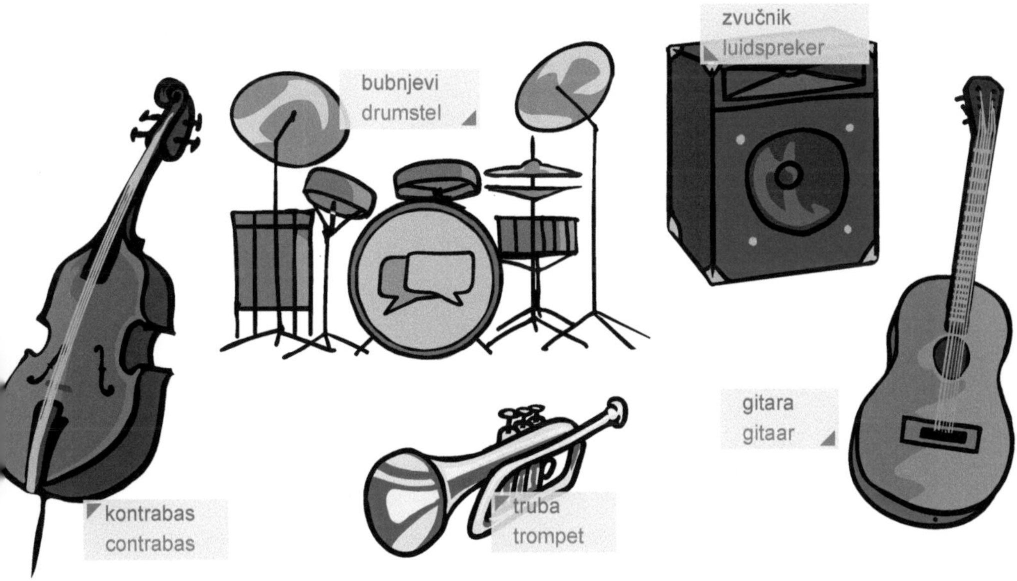
zvučnik
luidspreker
bubnjevi
drumstel
gitara
gitaar
kontrabas
contrabas
truba
trompet

klavir
piano

violina
viool

bas
basgitaar

bubanj timpani
pauk

bubanj
trommels

sintisajzer
keyboard

saksofon
saxofoon

flauta
fluit

mikrofon
microfoon

zološki vrt

zoo

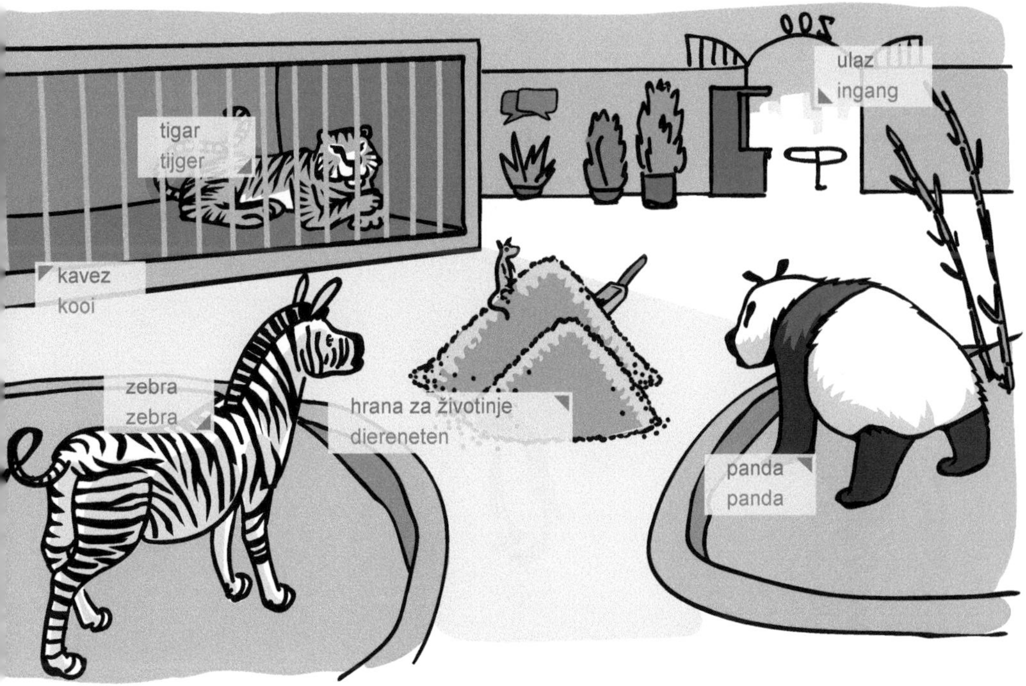

tigar
tijger
ulaz
ingang
kavez
kooi
zebra
zebra
hrana za životinje
diereneten
panda
panda

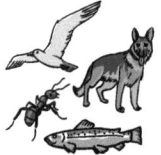

životinje

dieren

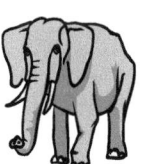

slon

olifant

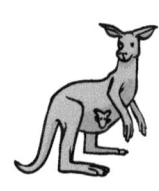

kengur

kangoeroe

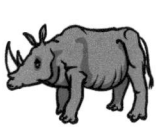

nosorog

neushoorn

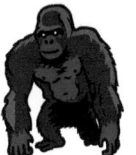

gorila

gorilla

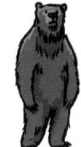

medvjed

beer

kamila

kameel

noj

struisvogel

lav

leeuw

majmun

aap

flamingo

flamingo

papagaj

papegaai

polarni medvjed

ijsbeer

pingvin

pinguïn

morski pas

haai

paun

pauw

zmija

slang

krokodil

krokodil

čuvar u zološkom vrtu

dierenverzorger

tuljan

zeehond

jaguar

jaguar

poni
pony

leopard
luipaard

nilski konj
nijlpaard

žirafa
giraffe

orao
adelaar

divlja svinja
wild zwijn

riba
vis

kornjača
zeeschildpad

morž
walrus

lisica
vos

gazela
gazelle

amerièki fudbal
rugby

vožnja bicikla
wielrennen

tenis
tennis

košarka
basketbal

plivanje
zwemmen

boks
boksen

hokej na ledu
ijshockey

fudbal
voetbal

bedminton
badminton

laka atletika
atletiek

rukomet
handbal

skijanje
skiën

polo
polo

aktivnosti
activiteiten

smijati se
lachen
skakati
springen
zagrliti
knuffelen
ići
wandelen
pjevati
zingen
sanjati
dromen
moliti
bidden
ljubiti
kussen

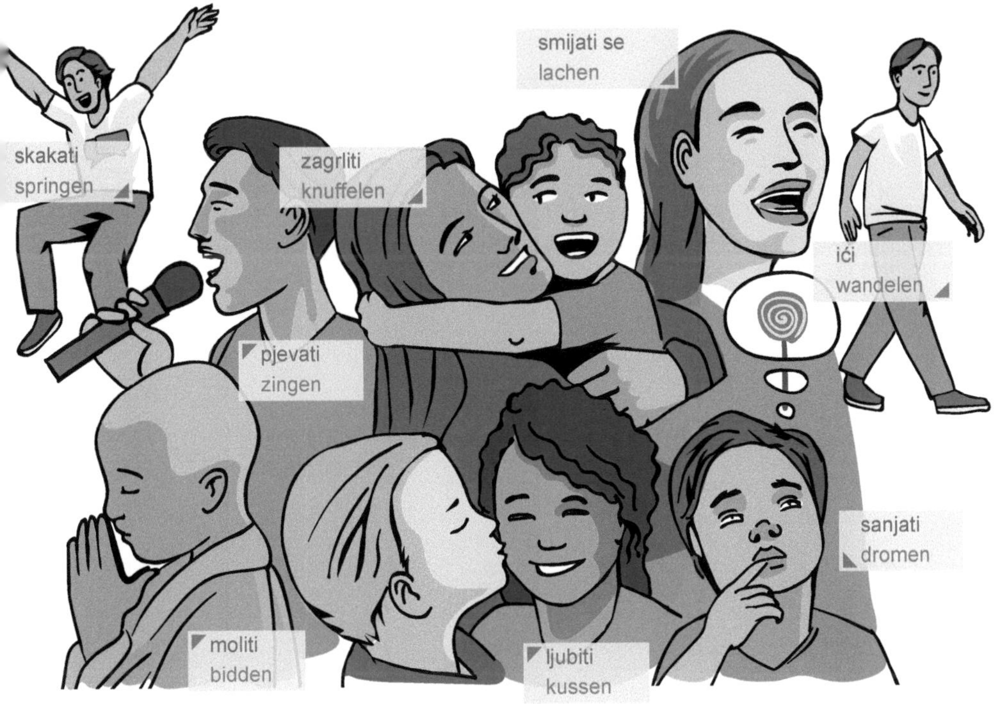

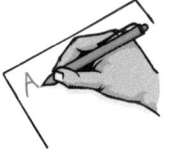

pisati
schrijven

crtati
tekenen

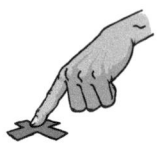

pokazati
tonen

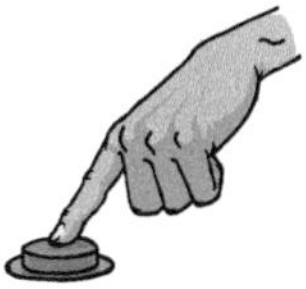

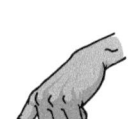

gurati
duwen

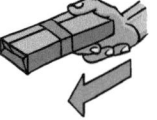

dati
geven

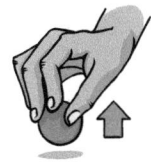

uzeti
nemen

imati
hebben

raditi
doen

biti
zijn

stajati
staan

trčati
lopen

vući
trekken

baciti
gooien

pasti
vallen

ležati
liggen

čekati
wachten

nositi
dragen

sjediti
zitten

obući
aankleden

spavati
slapen

probuditi
ontwaken

pogledati

kijken naar

plakati

wenen

milovati

aaien

češljati

kammen

govoriti

praten

razumjeti

begrijpen

pitati

vragen

slušati

luisteren

piti

drinken

jesti

eten

pospremiti

opruimen

voljeti

houden van

kuhati

koken

voziti

rijden

letjeti

vliegen

aktivnosti - activiteiten

jedriti

zeilen

računati

rekenen

čitati

Lezen

učiti

leren

raditi

werken

vjenčavti

trouwen

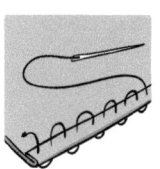

šiti

naaien

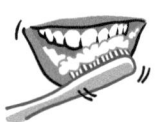

prati zube

tandenpoetsen

ubiti

doden

pušiti

roken

slati

sturen

porodica
familie

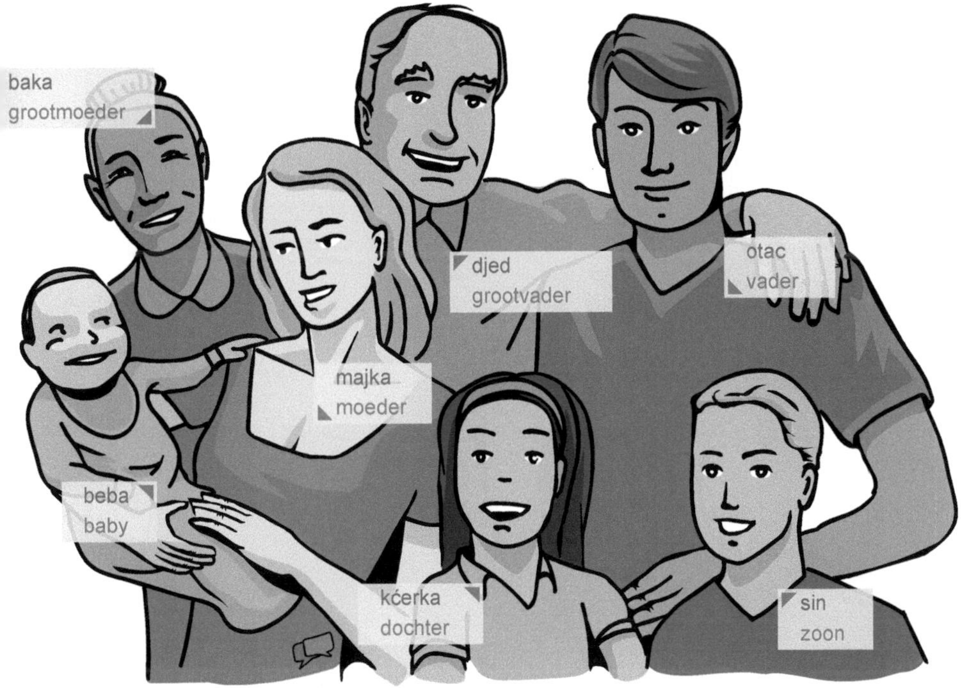

baka
grootmoeder
djed
grootvader
otac
vader
majka
moeder
beba
baby
kćerka
dochter
sin
zoon

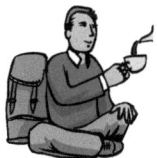

gost

gast

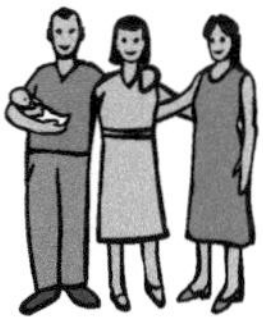

ujna, tetka, strina

tante

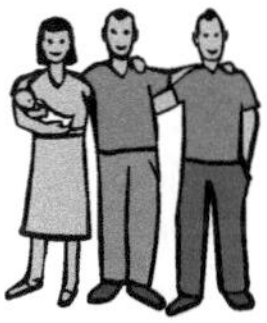

ujak, tetak, stric

oom

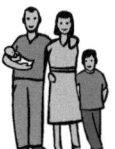

brat

broer

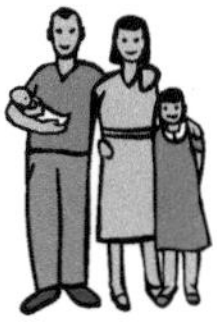

sestra

zus

tijelo
lichaam

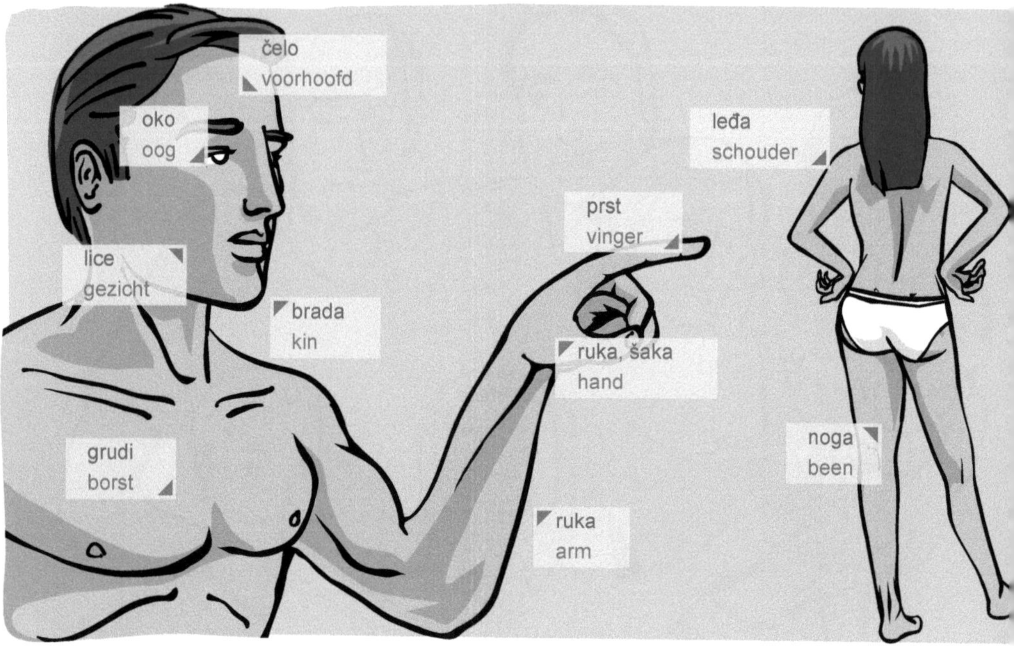

čelo
voorhoofd

oko
oog

leđa
schouder

prst
vinger

lice
gezicht

brada
kin

ruka, šaka
hand

grudi
borst

noga
been

ruka
arm

beba
baby

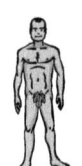

muškarac
man

žena
vrouw

djevojčica
meisje

dječak
jongen

glava
hoofd

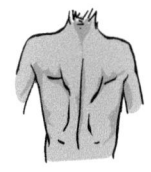

leđa
rug

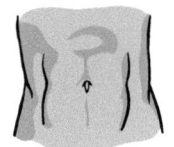

stomak
buik

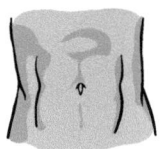

pupak
navel

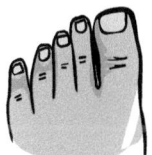

nožni prst
teen

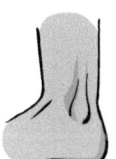

peta
hiel

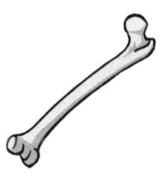

kosti
bot

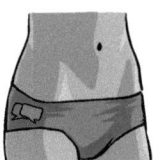

kuk
heup

koljeno
knie

lakat
elleboog

nos
neus

stražnjica
zitvlak

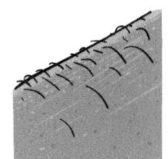

koža
huid

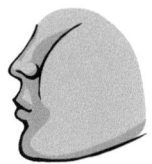

obraz
wang

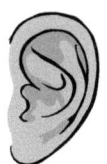

uho
oor

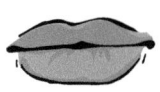

usna
lip

usta

mond

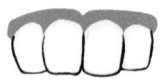

zub

tand

jezik

tong

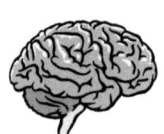

mozak

hersenen

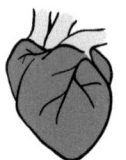

srce

hart

mišić

spier

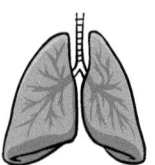

pluća

long

jetra

lever

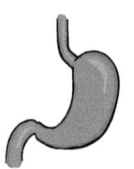

želudac

maag

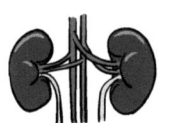

bubreg

nieren

spolni odnos

seks

kondom

condoom

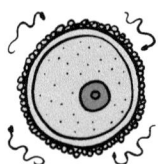

jajna ćelija

eicel

sperma

sperma

trudnoća

zwangerschap

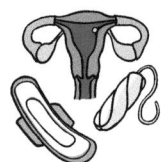

menstruacija
menstruatie

vagina
vagina

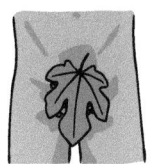

penis
penis

obrva
wenkbrauw

kosa
haar

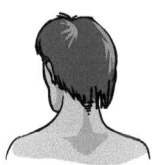

vrat
nek

tijelo - lichaam

bolnica
ziekenhuis

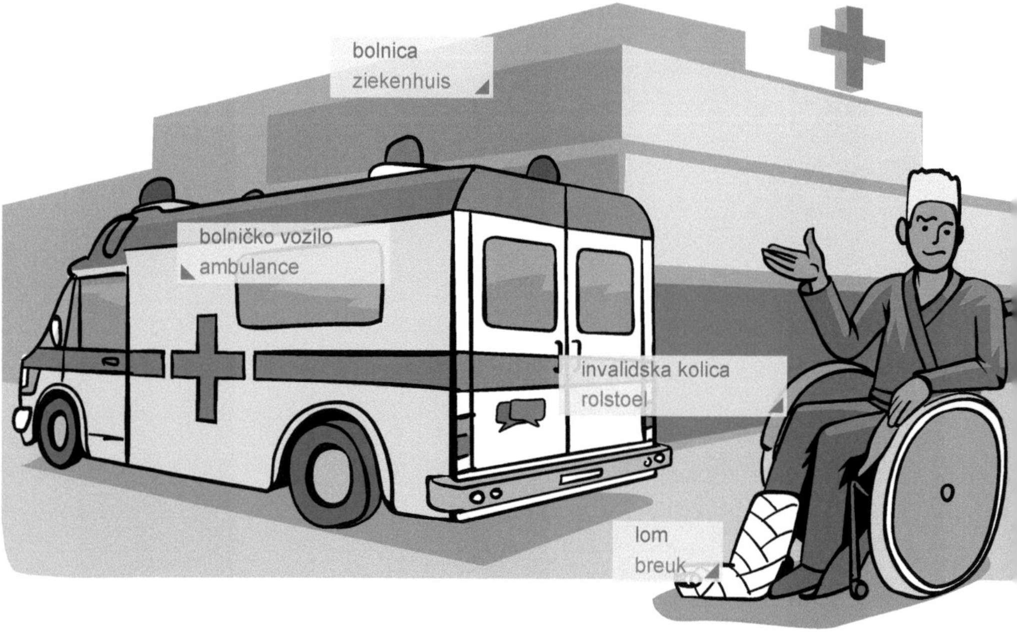

bolnica
ziekenhuis
bolničko vozilo
ambulance
invalidska kolica
rolstoel
lom
breuk

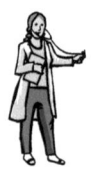

ljekar
dokter

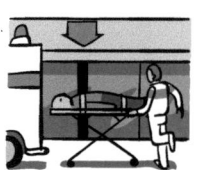

hitna služba
spoed

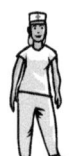

medicinska sestra
verpleegkundige

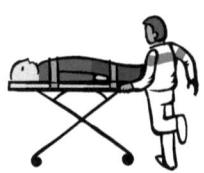

hitna pomoć
noodgeval

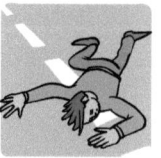

nesvjest
bewusteloos

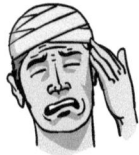

bol
pijn

povreda

verwonding

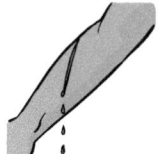

krvarenje

bloeding

srčani udar, infarkt

hartaanval

moždani udar

beroerte

alergija

allergie

kašalj

hoest

groznica

koorts

gripa

griep

proljev

diarree

glavobolja

hoofdpijn

rak

kanker

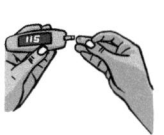

dijabetes

diabetes

hirurg

chirurg

skalpel

scalpel

operacija

operatie

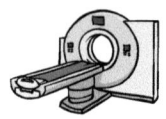

CT
CT

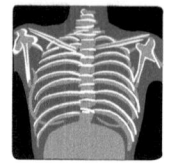

rendgen
röntgenstraal

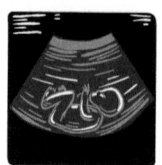

ultrazvuk
ultrageluid

maska
gezichtsmasker

bolest
ziekte

čekaonica
wachtkamer

štake
kruk

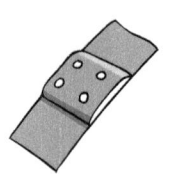

flaster
pleister

zavoj
verband

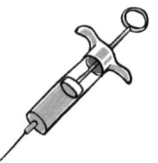

injekcija
injectie

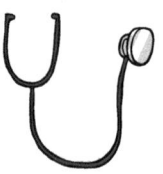

stetoskop
stethoscoop

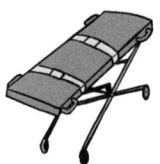

nosilo
brancard

termometar
thermometer

porod
geboorte

prekomjerna težina, debljina

overgewicht

slušni aparat

hoorapparaat

sredstvo za dezinfekciju

ontsmettingsmiddel

infekcija

infectie

virus

virus

HIV/ AIDS

HIV / AIDS

medicina

medicijn

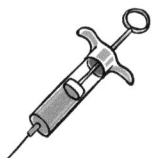

vakcinacija

vaccinatie

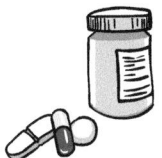

tablete

tabletten

pilula

pil

hitni poziv

noodoproep

aparat za mjerenje pritiska

bloeddrukmeter

bolestan / zdrav

ziek / gezond

Upomoć!

Help!

alarm

alarm

napad, prepad

overval

napad

aanval

opasnost

gevaar

izlaz u slučaju opasnosti

nooduitgang

Požar!

Brand!

vatrogasni aparat

brandblusser

nezgoda

ongeval

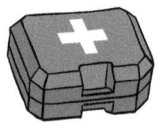

torba prve pomoći

EHBO-kit

SOS

SOS

policija

politie

Europa

Europa

Sjeverna Amerika

Noord-Amerika

Južna Amerika

Zuid-Amerika

Afrika

Afrika

Azija

Azië

Australija

Australië

Atlantik

Atlantische Oceaan

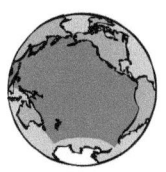

Pacifik

Stille Oceaan

Indijski okean

Indische Oceaan

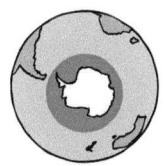

Antarktički okean

Antarctische Oceaan

Arktički okean

Arctische Oceaan

Sjeverni pol

Noordpool

Južni pol
Zuidpool

Antarktik
Antarctica

Zemlja
aarde

zemlja
land

more
zee

ostrvo
eiland

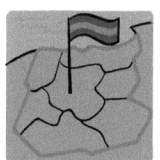

nacija
natie

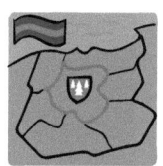

država
staat

brojčanik sata

wijzerplaat

kazaljka sata

uurwijzer

kazaljka minute

minuutwijzer

kazaljka sekunde

secondewijzer

Koliko je sati?

Hoe laat is het?

dan

dag

vrijeme

tijd

sada

nu

digitalni sat

digitale horloge

minuta

minuut

sat

uur

ponedjeljak
maandag

MO

W srijeda
woensdag

FR petak
vrijdag

TU

TH

SA

utorak
dinsdag

subota
zaterdag

SO

četvrtak
donderdag

nedjelja
zondag

juče
gisteren

danas
vandaag

sutra
morgen

jutro
ochtend

podne
middag

veče
avond

radni dani
werkdagen

vikend
weekend

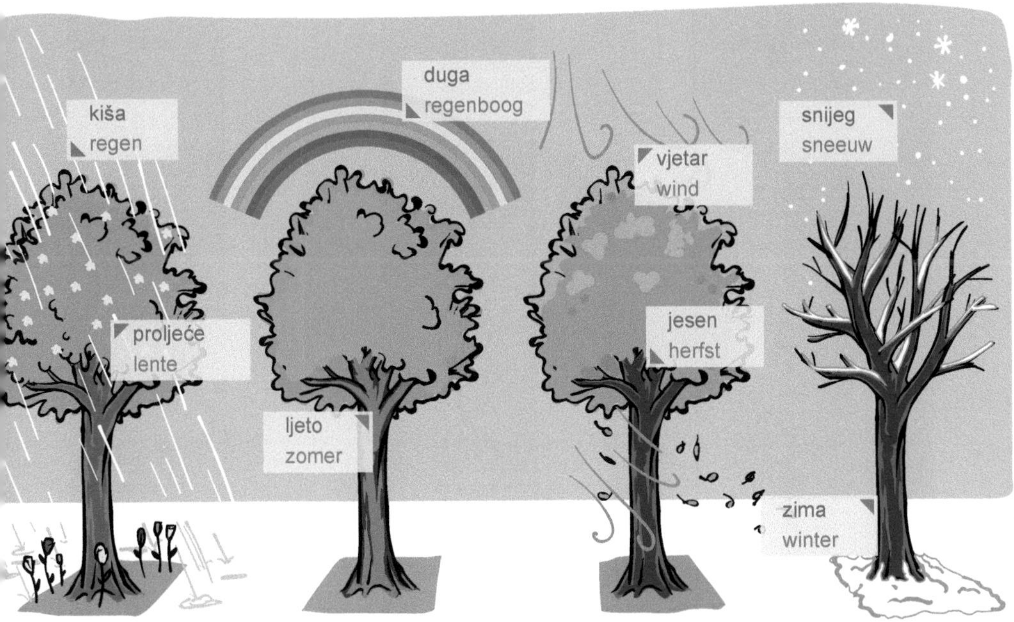

kiša
regen

duga
regenboog

snijeg
sneeuw

vjetar
wind

proljeće
lente

ljeto
zomer

jesen
herfst

zima
winter

4.APRIL	11°	☀
5.APRIL	4°	☁
6.APRIL	13°	☁
7.APRIL	8°	❄
8.APRIL	10°	☀

prognoza vremena

weervoorspelling

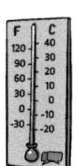

termometar

thermometer

sunčev sjaj

zonneschijn

oblak

wolk

magla

mist

vlažnost vazduha

vochtigheid

munja

bliksem

grom

donder

oluja

storm

tuča, led

hagel

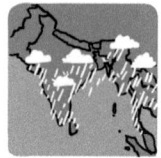

monsun

moesson

poplava

overstroming

led

ijs

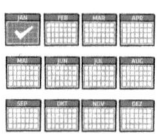

januar

januari

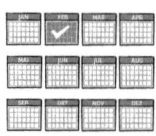

februar

februari

mart

maart

april

april

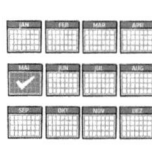

maj

mei

juni

juni

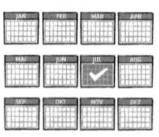

juli

juli

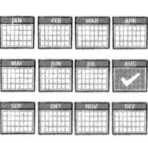

avgust

augustus

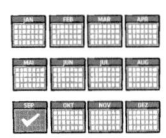

septembar

september

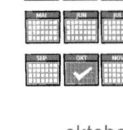

oktobar

oktober

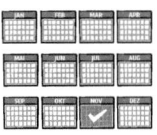

novembar

november

decembar

december

krug

cirkel

kvadrat

kwadraat

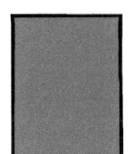

pravougao

rechthoek

trougao

driehoek

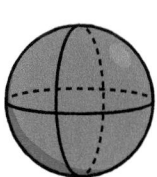

kugla

bol

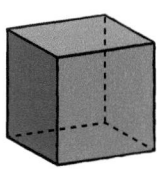

kocka

kubus

bjel

wit

žut

geel

narandžast

oranje

pink

roze

crven

rood

ljubičast

paars

plav

blauw

zelen

groen

smeđ

bruin

siv

grijs

crn

zwart

malo / mnogo

veel / weinig

ljutit / miran

boos / kalm

lijep / ružan

mooi / lelijk

početak / kraj

begin / einde

veliki / mali

groot / klein

svijetlo / tamno

licht / donker

brat / sestra

broer / zus

čist / prljav

proper / vuil

potpun / nepotpun

volledig / onvolledig

dan / noć

dag / nacht

mrtav / živ

dood / levend

široko / usko

breed / smal

ukusno / neukusno

eetbaar / oneetbaar

zao / prijatan

kwaadaardig / vriendelijk

uzbuđen / dosadan

opgewonden / verveeld

debeo / mršav

dik / dun

najprije / najkasnije

eerst / laatst

prijatelj / neprijatelj

vriend / vijand

pun / prazan

vol / leeg

trvd / mekan

hard / zacht

težak / lagan

zwaar / licht

glad / žeđ

honger / dorst

bolestan / zdrav

ziek / gezond

ilegalan / legalan

illegaal / legaal

inteligentan / glup

intelligent / dom

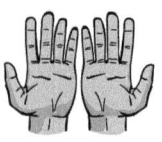

lijevo / desno

links / rechts

blizu / daleko

dichtbij / veraf

nov / polovan

nieuw / gebruikt

ništa / nešto

niets / iets

star / mlad

oud / jong

uključeno / isključeno

aan / uit

otvoreno / zatvoreno

open / dicht

tiho / glasno

stil / luid

bogat / siromašan

rijk / arm

tačno / pogrešno

juist / fout

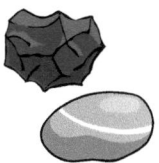

hrapav / glatak

ruw / glad

tužan / srećan

droevig / blij

kratak / dug

kort / lang

spor / brz

traag / snel

mokro / suho

nat / droog

toplo / hladno

warm / koud

rat / mir

oorlog / vrede

0	**1**	**2**
nula	jedan	dva
nul	één	twee

3	**4**	**5**
tri	četiri	pet
drie	vier	vijf

6	**7**	**8**
šest	sedam	osam
zes	zeven	acht

9	**10**	**11**
devet	deset	jedanaest
negen	tien	elf

12	**13**	**14**
dvanaest	trinaest	četrnaest
twaalf	dertien	veertien

15	**16**	**17**
petnaest	šesnaest	sedamnaest
vijftien	zestien	zeventien

18	**19**	**20**
osamnaest	devetnaest	dvadeset
achtien	negentien	twintig

100	**1.000**	**1.000.000**
sto	hiljada	milion
honderd	duizend	miljoen

engleski

Engels

američki engleski

Amerikaans Engels

kinesko mandarinski

Chinees (Mandarijn)

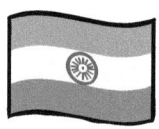

hindi

Hindi

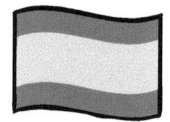

španski

Spaans

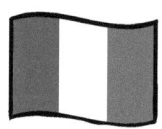

francuski

Frans

arapski

Arabisch

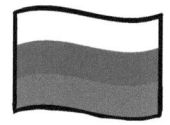

ruski

Russisch

portugalski

Portugees

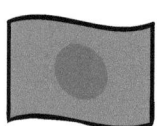

bengalski

Bengali

njemački

Duits

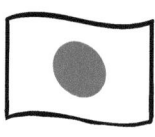

japanski

Japans

ja
ik

ti
u

on / ona / ono
hij / zij / het

mi
wij

vi
u

oni
ze

ko?
wie?

šta?
wat?

kako?
hoe?

gdje?
waar?

kada?
wanneer?

ime
naam

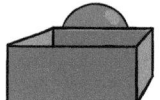

iza

achter

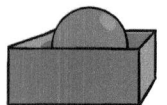

u

in

pred

voor

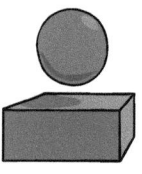

iznad

boven

na

op

ispod

onder

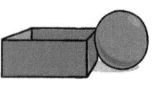

pored

naast

između

tussen

mjesto

plaats